QUARANTE ANNÉES

DE NOTRE

HISTOIRE MILITAIRE

ET CIVILE,

OU

MÉMOIRES DU COMMANDANT SANSON,

FAISANT CONNAITRE LES GUERRES ET LES ÉVÉNEMENTS LES PLUS REMARQUABLES DE NOTRE ÉPOQUE CONTEMPORAINE, ET L'INFLUENCE QU'ILS ONT EXERCÉE SUR LES MŒURS ET L'ESPRIT DE LA NATION ;

Ouvrage terminé par des

CONSIDÉRATIONS SUR L'ARMÉE,

Et sur la nécessité qu'il y aurait de donner aux troupes une constitution qui garantisse les droits des individus.

Se vend au profit des Gardes Nationaux blessés en Février.

PRIX : **20** CENT.

<table>
<tr><td>A Paris,
CHEZ DUMAINE, LIBRAIRE,
rue Dauphine, 36.</td><td>A St-Germain,
CHEZ DUPRÉ, LIBRAIRE,
rue de Paris, 41.</td></tr>
</table>

1848

APERÇU.

Il semble qu'il n'y a que les hommes qui ont joui de quelque célébrité dans le monde, ou qui sont connus déjà par des ouvrages littéraires importants, qui devraient prendre la plume et attirer sur eux l'attention ; mais un individu quelconque peut bien aussi, selon moi, avoir cette prétention, lorsqu'appelé à vivre dans un temps fertile en événements et curieux par l'esprit qui l'a agité, il sait que l'histoire attend des documents, pour rendre compte plus tard, avec vérité et sans passion, de ce qui a eu lieu et dont il a été lui-même acteur ou témoin. Je suis un de ces individus : j'ai assisté à de grandes scènes, à de grandes catastrophes, j'ai vécu à une époque où des trônes se sont écroulés, ou des rois et des princes ont été immolés aux passions et aux vengeances ; j'ai vu naître, grandir, puis s'anéantir, des royaumes et des empires ; moi-même, instrument de conquêtes, dans la main d'un chef habile mais ambitieux, j'ai porté la désolation chez les peuples lointains, et affronté plus d'une fois la mort sur les champs de bataille ; j'ai pu examiner les hommes et les connaître.

Si j'écris donc, ce n'est pas la vanité qui m'y porte, mais le désir d'instruire et de consigner, tant pour moi que pour mon pays, le souvenir de ce que nous avons fait. Je veux être encore utile à mes concitoyens, en leur faisant connaître des guerres et des événements dont la mémoire s'efface tous les jours, et qui bientôt n'auront plus aucun témoin oculaire pour les raconter. Je ne saurais d'ailleurs employer plus utilement les loisirs de ma retraite : des choses qui ne paraissent avoir aucun intérêt, qui n'inspirent aucune réflexion lorsqu'on est jeune, ardent, plein d'étourderie, deviennent une mine inépuisable de pensées et de méditations dans un âge plus avancé, surtout, lorsqu'après avoir été militaire enthousiaste, on se demande pourquoi l'on prodiguait si follement sa vie dans les combats.

Ce ne sont pas, au surplus, des notes d'un jour que je rassemble ici. Il y a vingt ans au moins que je travaille à classer celles qu'on va lire. Je les ai prises au camp, au bivouac, en marche et en garnison, et je les ai enrichies de beaucoup de documents historiques et autres.

L'intérêt qu'on porte à tout ce qui a marqué les temps de la République et de l'Empire, intérêt qui grandit toujours au fur et à mesure que ces temps s'éloignent de nous, me porte à croire que ces Mémoires, qui retracent des scènes gigantesques, seront accueillis avec faveur.

On ne connaît l'histoire militaire encore que dans son ensemble ; les individus ont disparu. Après avoir parlé des opérations de la masse et montré le génie du chef luttant contre les obstacles, on a cru avoir satisfait à tout ce que l'attention publique peut désirer. Mais n'est-il pas nécessaire aussi d'entrer dans d'autres détails, de peindre les scènes du champ de bataille, la fureur des combattants, l'énergie des uns, la faiblesse ou la pusillanimité des autres, les efforts du soldat, sa constance dans les travaux ; la supériorité aussi que donne à une troupe, sur celle qui lui est opposée, sa bonne organisation, sa discipline, son instruction et l'habileté de ses chefs ? Comment se faire une idée de la nature humaine et de la force d'âme qu'il faut avoir pour assister de sang-froid à ces luttes sanglantes, si on néglige de donner ces explications ?

C'est faute d'être instruit de tout ce qui se passe à la guerre, des fatigues et des dangers bravés par les militaires, qu'on voit aujourd'hui accorder si peu à ceux-ci l'estime et la considération qui leur serait due ; c'est encore ce qui fait qu'on honore si peu leur vertu. C'est à ce motif également qu'il faut attribuer les passe-droits révoltants, les injustices criantes qu'on leur fait supporter souvent ; c'est encore là enfin ce qui rend certaines personnes, qui pourraient leur être utiles, si peu capables de savoir par quels ressorts on peut faire agir les cœurs vraiment militaires.

Les Mémoires que je présente dévoileront toutes ces choses, feront connaître toutes ces vérités. Ils peindront avec détails les guerres que nous avons faites en Espagne, en Allemagne et en Belgique sous Napoléon, celles qui ont eu lieu depuis en Espagne encore, et notre expédition d'Afrique. Ils feront voir combien ces guerres sont différentes entre elles ; ils décriront les événements majeurs qui se sont passés sous les règnes de Louis XVIII, de Charles X et de Louis-Philippe. Ils feront voir quelle était la grandeur et la puissance de la France, alors que nous avions un pied à Cadix et l'autre à Moscou ; puis quelle fut notre chute !

On verra par combien de temps difficiles l'armée a passé depuis 1814, combien l'esprit public et des mains inhabiles ont pris à tâche de la déformer ; combien, à force de changer son drapeau, son uniforme et d'anéantir ses traditions, on est parvenu à la rendre si différente de ce qu'elle était jadis.

Ces Mémoires feront remarquer aussi combien les guerres et les événements qui se sont passés durant les quarante années que je rapporte, ont influé sur le caractère actuel de la nation, sur ses mœurs, sur ses systèmes sociaux et même sur les utopies de quelques hommes qui, séduits par les fortunes rapides que nos révolutions ont fait naître, ont cru pouvoir s'élever eux-mêmes aux grandeurs par des idées nouvelles ; ils feront réfléchir aussi le philosophe sur l'acharnement avec lequel les hommes se détruisent, et lui feront souhaiter plus que jamais que l'amour de l'ordre et de la fraternité règne sur la terre.

Les malheurs de notre pays proviennent de l'igno-rance où beaucoup d'individus sont encore des événements qui se sont passés, de la légèreté du caractère national, et surtout de notre vanité, qui nous fait croire que nous sommes plus parfaits que nos pères, plus braves qu'aucune nation du monde. Méconnaissant les leçons de l'histoire et ne faisant aucun cas de l'expérience que nous ont donnée les siècles, et ce que nous avons vu nous-mêmes, nous croyons aux *conquêtes de l'audace*, et nous imaginons que des idées suffisent seules pour combattre, que chaque homme est un héros, et que nous sommes arrivés à une époque de civilisation et de perfection telle que les armées sont inutiles. C'est pour démentir par l'évidence des faits cette folle persuasion et rendre service au pays, que ces Mémoires sont particulièrement établis. Il ne faut pas que les erreurs de quelques insensés entraînent un pays comme le nôtre à sa ruine. Le peuple a été trompé par les lithographies, les couplets, les pièces de théâtre, et surtout par les triomphes trop faciles qu'il a remportés sur des troupes qui, sorties de son sein, partageant son mécontentement elles-mêmes, n'ont pas voulu le combattre et répugnaient à verser son sang. Il a pris pour des combats ce qui n'eût pas même été pour nous autrefois des escarmouches. Il ne s'est pas bien rendu compte, non plus, de nos victoires sous l'Empire, de notre gloire et de la nature des soldats que nous avions alors, ni de ce qu'est véritablement la guerre, faite par des hommes habitués au carnage, qui, après avoir couvert une plage entière de cadavres dans une même journée, vont recommencer encore ailleurs le lendemain la même destruction. Des rhéteurs l'ont égaré par leurs discours, par leurs sophismes, et des professeurs d'histoire même ont tiré des conséquences fausses de ce que celle-ci enseigne à l'homme doué de bon sens, qui a vu et qui sait méditer. Faute de savoir parler le langage oratoire, des militaires expérimentés ont été obligés de se taire, et de laisser divaguer ceux qui en savaient moins qu'eux [1].

Sans doute les temps ont marché, nous avons acquis une connaissance plus approfondie de nos droits ; les gouvernements que nous avons eus ont fait de grandes fautes, ils nous ont dégoûtés de leur despotisme et de leurs courtisans ; ils n'ont pas su user de leur position pour faire la félicité du peuple, pour grandir la morale, amortir les viles passions et donner une direction plus noble aux esprits et aux cœurs ; nous éprouvons le besoin d'une liberté sage et bien entendue, d'un mode d'institution politique tel que nous puissions exercer à l'abri des lois nos facultés intellectuelles, notre industrie et tirer le meilleur parti de cette terre, où nous sommes pour si peu de temps et sur laquelle le soleil luit pour tous ; mais, est-ce à dire que tout le monde comprendra ce langage, que le Ciel désormais fera des miracles en notre faveur ; qu'il sera facile de refondre la nature et d'arriver à anéantir chez les hommes, les jalousies, les haines, les idées de conquêtes, etc. Depuis trente ans, on parle de paix éternelle, et on se bat de tous côtés ! Sommes-nous sûrs, enfin, de remporter la victoire sur des peuples plus aguerris, plus endurcis, plus rompus à la fatigue, plus exercés à la discipline, qui viendraient nous attaquer ?

On ne combat point avec des idées, quelque justes qu'elles soient ; les phrases perdent de leur valeur en

[1] On l'a vu lors de la discussion des fortifications de Paris, qu'un général a appelée la plus grande folie du siècle.

présence du danger ; les Grecs du Bas-Empire qui dé-
libéraient gravement dans leur assemblée, tandis que
le bélier ébranlait leurs murs ; Démosthènes fuyant à
la bataille de Chéronée, en sont la preuve ! Attachons-
nous donc à former une armée d'hommes énergiques,
robustes, et soldats par caractère ; c'est le vrai moyen
d'appuyer nos prétentions, en présence de l'étranger
moins avancé que nous dans la voie des réformes. Da-
rius et Xerxès avaient des armées innombrables, mais
elles n'effrayèrent pas les soldats aguerris de Léonidas ;
Pompée avait de jolis combattants, mais ils ne tinrent
pas devant ceux qui, moins épris de leurs belles figures,
les frappèrent au visage ; et pour chercher un exemple plus moderne, le maréchal Soult, avec un corps
de 24,000 vieux soldats, tint tête pendant six mois
(à Oporto) aux armées du Portugal insurgé tout en-
tier contre nous.

Méfions-nous donc de ces théories qui font jaillir
des armées du sein des milices nationales ; le soldat
a ses foyers partout, le citoyen ne les trouve que
dans un seul lieu.

Dans les Mémoires qu'on va lire chacun puisera selon ses goûts : les vieux militaires y retrouveront leurs
souvenirs, les jeunes gens, des notions intéressantes sur
notre esprit et nos mœurs du temps de Napoléon ; ils y
verront un triste tableau de nos crises politiques, et ils
seront pour eux un guide historique qui pourra faire
impression sur leur esprit. J'ose croire qu'après les
avoir lus, il leur restera, quant à nos campagnes,
des idées tout autres que celles qu'ils ont puisées
dans des histoires écrites après coup, tronquées, ro-
manesques, ou faites trop à la hâte, par des hommes
qui n'ont pas vu les événements qu'ils racontent et

qui, par conséquent, n'ont pu bien les dépeindre[1]. Les citoyens mêmes apprendront dans cet écrit à connaître l'armée, à se faire une idée du vrai soldat, à apprécier son utilité; ils verront que si la guerre a causé de grands maux à l'humanité, elle a fait briller notre patrie d'un vif éclat et excité dans les cœurs des sentiments plus nobles que ceux qu'enfantent aujourd'hui la cupidité et l'amour des jouissances matérielles. Les étrangers verront dans ces Mémoires que, tout en les combattant jadis, nous avons su leur rendre justice; et, par la description que j'ai faite des lieux que nous avons parcourus, les touristes, les amateurs de sites pittoresques, concevront peut-être le désir d'aller visiter certaines contrées que j'ai dépeintes avec l'enthousiasme d'un ami de la nature, et d'un philosophe qui se plaît au milieu des ruines de l'antiquité.

Un livre n'étant utile qu'autant qu'il tourne à l'instruction des hommes, j'ai pensé qu'en commentant nos opérations militaires et en faisant ressortir les difficultés des entreprises, qu'en signalant les fautes commises et les obstacles vaincus par la persévérance, l'opiniâtreté, le courage ou l'intelligence, j'intéresserais toutes les classes de lecteurs. J'ai voulu aussi, par l'exemple du passé, tirer des conséquences pour l'avenir, et en reportant les souvenirs sur l'époque où nous avions une si belle armée, si vaillante et si bien organisée *dans sa partie morale*, faire sentir à ces hommes, qui parlent toujours de la gloire et de la prépondérance de la France, sans vouloir accorder les

---

[1] Comment en pourrait-il être autrement? Au combat d'Aumale, les officiers qui s'y étaient trouvés et qui entouraient le lit d'Henri IV, ne purent jamais parvenir à en faire une peinture exactement semblable. (*Voy. les Mémoires de Sully.*)

moyens de les acquérir, qu'il est essentiel, avant de se lancer dans la carrière des combats, d'examiner la trempe du glaive avec lequel on compte le faire.

J'ai voulu prouver la nécessité qu'il y aurait de mettre les intérêts des individus plus en harmonie avec nos institutions constitutionnelles, en détruisant la protection et l'intrigue et en ouvrant un champ libre au service, à l'ancienneté et aux capacités. Eh! pourquoi n'aurais-je pas parlé de toutes ces choses? Les récompenses tombent-elles donc toujours sur les plus méritants? Sait-on choisir, dans l'intérêt de l'État et de la justice, les hommes les plus capables? Voilà ce que j'ai voulu démontrer. J'ai eu à cœur aussi d'indiquer comment il faut s'y prendre pour donner au pays, à moins de frais, une bonne et excellente armée, plus forte encore par la valeur que par le nombre.

On dira peut-être que j'ai été placé moi-même trop dans le coin du théâtre pour bien voir l'ensemble de la scène et parler avec connaissance de cause de tous les événements que je raconte; mais je ferai observer que si d'autres ont écrit plus en grand, à l'aide de recherches laborieuses et de correspondances consultées, les mêmes événements qu'ils n'ont pas vus, moi qui y ai pris part, qui ai suivi de l'œil le ricochement du boulet et entendu siffler les balles, moi qui ai examiné les figures, et qui depuis la paix ai pu compulser tout ce qui a été écrit sur nos guerres, je puis bien me permettre aussi de prendre la plume. Encore une fois, ce n'est point la peinture seule du génie que j'ai voulu faire, mais j'ai à cœur de mettre les hommes appelés à conduire l'armée, à même de réfléchir sur tout ce qui peut la concerner. Après avoir montré quels soldats nous avions, de quel esprit ils étaient animés, après avoir fait connaître les travaux que nous faisions sous l'Empire et le fléau que nous traînions à notre suite chez tous les peuples, je veux prendre ces exemples du passé pour servir les intérêts de l'avenir.

Ce qui doit aujourd'hui mériter la sérieuse attention du pays, c'est le développement de notre puissance maritime et militaire, la consolidation de nos possessions en Afrique, la liberté des marines secondaires, l'extension de notre commerce international, le respect extérieur de notre indépendance et de nos institutions. Tous ces grands intérêts peuvent être garantis par des alliances, mais surtout par la perfection de notre système militaire. Un ouvrage qui a pour but d'indiquer les moyens d'y parvenir, d'arriver par la connaissance des faits à l'amélioration de ce système et de diminuer l'impôt du sang ; un ouvrage qui a pour but d'instruire la jeunesse, de lui faire connaître les hommes qui ne se démasquent que dans les circonstances politiques, et de faire fomenter dans les âmes les beaux sentiments, est assurément une œuvre utile et qui doit être recherchée en France.

Quel vaste sujet de méditations, en effet, ces Mémoires ne vont-ils pas offrir à la pensée ! La guerre d'Espagne surtout, cause première de la chute de Napoléon, qui a consumé à l'humanité près de 5,000,000 d'hommes et fait périr 600,000 de nos meilleurs soldats, qui a créé aux Anglais une armée qui a lutté avec avantage contre nous, y est traitée dans le cours de six volumes ; elle prouve à elle seule ce que peut un peuple courroucé qui veut son indépendance et dont on a offensé l'orgueil. Elle fait voir ce que le patriotisme est susceptible d'enfanter, et elle inspire des réflexions sur l'instabilité des grandeurs. Féconde en événements, elle est non moins instructive pour l'homme d'État que pour le guerrier ; car on y voit un peuple plongé dans les maux inséparables d'une invasion par la faute, la faiblesse et l'inhabileté de ses gouvernants, et les opérations régulières des siéges, des batailles, des mouvements militaires se combinant avec les chances incertaines, multipliées et désastreuses d'une lutte nationale pour ainsi dire perpétuelle. Il y eut dans cette longue carrière de combats une riche et ample moisson de lauriers pour les armées qui y prirent part ; d'autres sans doute ont pu faire des conquêtes plus utiles, plus brillantes, mais certes elles n'eurent ni plus de dangers à courir, ni plus de travaux à supporter ; malheureusement, en France, on laisse de côté les périls, le dévouement et les efforts tentés, pour ne voir que les résultats qui plaisent à l'orgueil, à la vanité ou à l'intérêt. La guerre d'Espagne non-seulement a vu échoir nos meilleurs généraux, mais elle a tué pour ainsi dire Napoléon ; car elle a ranimé contre lui, en Europe, l'esprit des peuples, donné à la France une frontière de plus à défendre, et ramenant les Anglais, après quatre siècles, dans les champs de Poitiers, elle leur a livré les trésors du Mexique. Elle a prouvé aussi qu'on ne pouvait s'affranchir impunément des règles de la tactique et d'une saine politique, et a montré qu'une faible nation qu'on méprise, peut s'armer comme un seul homme et lutter avec courage et obstination contre les troupes les plus aguerries.

Nos autres campagnes, qui seront traitées par moi de la même manière, forment aussi plusieurs volumes, et sont non moins intéressantes sous le rapport politique que militaire ; car elles montrent un homme d'un génie prodigieux, qui s'était élevé au-dessus des rois, tombé lui-même écrasé, après avoir, en quelque sorte, bouleversé le monde. La défense héroïque de Saragosse, non moins admirable que celle de Numance et de Sagonte, l'incendie de Moscou et nos deux invasions étrangères, ne sont certes pas des événements moins dignes d'occuper l'attention, que ceux chantés par Homère trois cents ans après la guerre de Troie.

Tout ce qui s'est passé depuis est plein d'enseignements également utiles. Le temps de paix, nos troubles intérieurs, le malaise qui semblait tourmenter la société, les fautes des gouvernements, la guerre de 1823 en Espagne, notre retour aux lignes de Cadix, la révolution de Juillet 1830, la guerre d'Afrique et tout ce qui a rapport à la colonisation de ce pays, formeront encore six ou huit volumes. Puissent ces Mémoires détruire les idées fausses que bien des personnes se font de la guerre et des armées !

DE L'IMPRIMERIE DE BEAU,
à Saint-Germain-en-Laye.

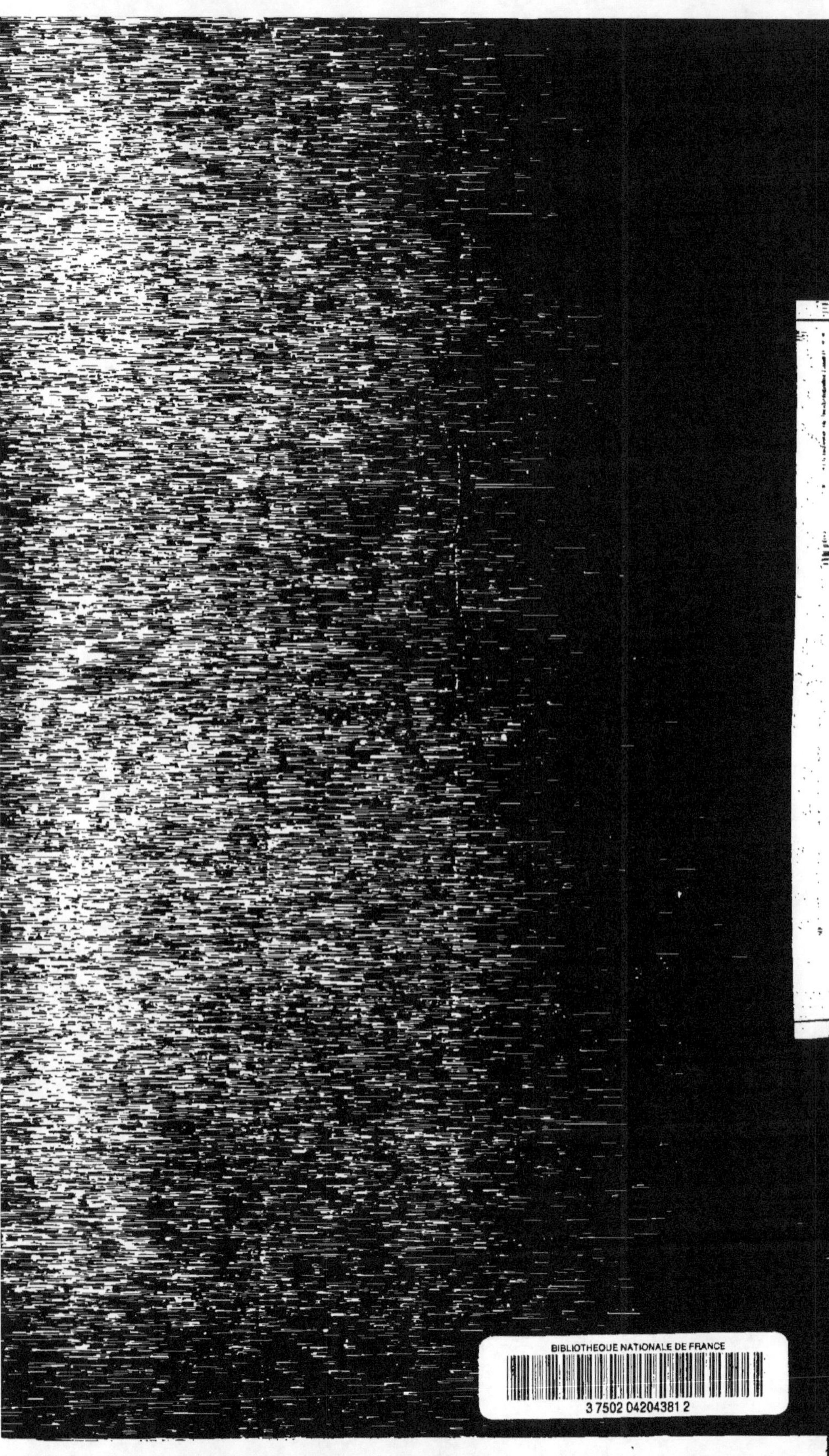